AMUSE-GUEULE

*Convivialité et succès garantis…*

*… à partir de cette sélection de délices à réaliser en un tour de main et à grignoter sur le pouce. Finis les buffets ennuyeux : amuse-gueule parfumés et colorés, canapés chics et drôles se partagent entre amis ou en famille. Laissez aller votre imagination et prévoyez environ 10 portions par convive.*

# Canapés au thon

Ces petits sandwichs italiens sont aussi frais que légers.

## Simple à réaliser

Ingrédients pour 30 canapés :
3 bottes de roquette
6 tomates
3 boîtes de thon au naturel
(poids net égoutté 150 g environ par boîte)
30 tranches de pain de mie carré, si possible sans croûte, sinon il faudra l'enlever
600 g de fromage frais enrichi à la crème
Sel et poivre

Temps de préparation : 40 min

Valeur énergétique moyenne par portion :
1 190 kj/285 kcal

!

Plus raffinés, les canapés au saumon fumé avec feuilles de roquette, tranches de concombre et moutarde parfumée au raifort. Variez cette recette à l'infini, laissez parler votre imagination.

1

Lavez et essorez la roquette. Coupez la partie dure de la tige, hachez grossièrement les feuilles. Lavez les tomates, creusez le pédoncule, découpez les tomates en tranches. Égouttez et émiettez le thon à la fourchette.

2

Tartinez une tranche de pain avec le fromage frais. Salez légèrement, poivrez. Ajoutez une couche de thon émietté, deux tranches de tomate, parsemez de roquette, recouvrez d'une seconde tranche de pain.

3

Pressez le sandwich et, avec un couteau tranchant, coupez-le en diagonale pour obtenir deux triangles. Si vous les préparez à l'avance, recouvrez les sandwichs de film alimentaire pour qu'ils ne sèchent pas.

# Navettes d'endive à la feta

Une subtile association de fondant et de craquant !

## Végétarien

Ingrédients pour 15 navettes :
3 endives bien blanches
200 g de feta
200 g de fromage blanc à 20 % de matière grasse
1 gousse d'ail
3 cuill. à soupe d'huile d'olive
1 cuill. à soupe de purée de tomate
2 cuill. à soupe de persil haché
Sel et poivre noir

Temps de préparation : 20 min

Valeur énergétique moyenne par portion : 315 kJ/75 kcal

**!**

Ces navettes auront l'air encore plus appétissantes si vous les garnissez à l'aide d'une poche à douille munie d'un embout en forme d'étoile. Cette préparation se marie bien avec d'autres variétés de salade ou de légumes (céleri, tomates...). Suggestion : saupoudrez de chapelure.

**1**

Ôtez les premières feuilles, amères, de l'endive pour ne garder que celles du cœur, plus douces et plus craquantes ; essuyez-les.

**2**

Dans une jatte, émiettez la feta à la fourchette, ajoutez le fromage blanc. Pelez la gousse d'ail et écrasez-la. Ajoutez l'huile d'olive, la purée de tomate et le persil haché. Mélangez et assaisonnez avec le sel et le poivre.

**3**

Garnissez chaque feuille d'endive avec une cuillerée à soupe de cette préparation. Décorez avec un brin de persil.

# Galettes de polenta

Ces canapés merveilleusement moelleux sont à servir chauds.

## Facile à réussir

Ingrédients pour 30 galettes :
300 g de farine de maïs (polenta)
Huile d'olive pour le moule et la décoration
15 tomates cerises
15 filets d'anchois marinés dans l'huile d'olive
Sel

Temps de préparation: 40 min

Valeur énergétique moyenne par portion : 165 kJ/40 kcal

**!**

Galettes de polenta aux petits légumes ou gratinés au fromage… tout est permis, laissez libre cours à votre imagination. Une pointe de parmesan râpé, quelques minuscules dés de poitrine fumée ou de légumes ajoutés à la pâte rendront les galettes encore plus savoureuses.

**1**

Portez 1,3 l d'eau salée à ébullition dans une cocotte. Versez lentement la farine de maïs tout en remuant à l'aide d'un fouet (voir page 18). Réduisez le feu et laissez cuire 10 minutes à petits bouillons. Remuez régulièrement.

**2**

Versez la polenta encore chaude sur le plan de travail préalablement huilé ou mouillé (ou directement sur une plaque de four huilée) ; mouillez le rouleau à pâtisserie et étalez la pâte (0,5 cm d'épaisseur) ; laissez refroidir (voir page 18). Huilez une plaque et préchauffez le four à 180 °C.

**3**

À l'emporte-pièce, découpez 30 disques de 5 cm de diamètre environ. Vous pouvez remplacer l'emporte-pièce par un verre dont vous mouillerez le bord entre chaque découpe.

**4**

Lavez et essuyez les tomates, coupez-les en deux. Passez les anchois sous l'eau froide s'ils semblent trop salés, égouttez-les, puis séparez les filets. Badigeonnez chaque galette d'huile d'olive et enfournez (10 minutes à four moyen, 160 °C). Retournez les galettes à mi-cuisson, posez un filet d'anchois et une demi-tomate, puis passez 10 minutes sous le gril.

# Tomates farcies

La tomate est, par excellence, le légume de l'été.

## Agréable à préparer

15 petites tomates rondes
125 g de filet de truite fumée (sans peau)
1 poivron jaune
1 poivron rouge
1 cuill. à soupe de persil haché
1 cuill. à soupe de vinaigre de cidre
2 cuill. à soupe de crème fraîche liquide
Sel et poivre

Temps de préparation: 30 min

Valeur énergétique moyenne par portion : 125 kJ/30 kcal

**!**

Remplacez truite et poivrons par crabe et petits légumes ou optez pour une variante végétarienne au fromage de chèvre.

**1**

Lavez les tomates. Ôtez les chapeaux, évidez les tomates à la cuiller et retournez-les sur du papier absorbant (les chapeaux et la chair serviront pour la préparation d'un coulis).

**2**

Découpez le filet de truite en fines lanières et mettez-les dans un saladier.

**3**

Lavez et épépinez les poivrons. Découpez la chair en petits cubes. Ajoutez le persil haché menu, le vinaigre et la crème, salez, poivrez. Garnissez chaque tomate avec cette salade à la truite, puis placez au réfrigérateur avant de servir.

# Quiche au poireau

Ces canapés au goût prononcé sont aussi bons chauds que froids.

## Végétarien

Ingrédients pour 30 portions :
300 g de pâte brisée congelée
5 poireaux moyens
2 cuill. à soupe de beurre
200 g de gorgonzola
3 œufs
150 g de crème fraîche
Sel et poivre noir
Noix muscade
Accessoire :
Papier de cuisson

Temps de préparation: 30 min
Temps de cuisson : 40 min

Valeur énergétique moyenne par portion :
420 kJ/100 kcal

**1**

Faites décongeler la pâte. Tapissez la plaque du four de papier de cuisson, puis préchauffez le four à 200 °C.

**2**

Coupez le vert des poireaux, fendez la tige en quatre et lavez-la sous l'eau froide (voir page 18). Émincez en petits bâtonnets et faites suer 5 minutes dans le beurre fondu. Laissez refroidir.

**3**

Disposez des carrés de pâte sur la plaque du four en faisant se chevaucher les bords. Ne relevez pas les angles des carrés de pâte (voir page 18).

**4**

Découpez le gorgonzola en petits cubes que vous mélangez à la julienne de poireaux. Ajoutez les œufs et la crème fraîche. Salez, poivrez et relevez d'une pointe de muscade. Répartissez régulièrement la préparation sur les carrés de pâte. Enfournez et laissez cuire à feu moyen 40 minutes, la surface doit légèrement dorer. Laissez refroidir et découpez en petits carrés réguliers.

**!**

Petits cubes de poitrine fumée et fines tranches d'oignon donneront à vos canapés une allure de quiche lorraine.

# Bouchées d'agneau

Tous les parfums de l'Asie sont rassemblés dans ces boulettes de viande au gingembre.

## Raffiné

Ingrédients pour 30 bouchées :
1 cuill. à soupe d'huile
1 petit morceau de gingembre
500 g de viande d'agneau hachée (dans l'épaule ou le gigot)
1 cuill. à thé de curry indien
Sel et poivre
5 cuill. à soupe environ de chutney de mangue
30 caissettes en papier
30 piques à apéritif

Temps de préparation : 20 min
Temps de cuisson : 20 min

Valeur énergétique moyenne par portion : 190 kJ/45 kcal

!

Si vous n'aimez pas la viande d'agneau, vous pouvez la remplacer par du veau, moins parfumé, mais tout aussi délicieux.

1

Huilez la lèche-frite du four et préchauffez le four à 200 °C.

2

Pelez et râpez le gingembre (voir page 19). Mettez la viande hachée dans une jatte, ajoutez une cuillerée à café de gingembre râpé. Assaisonnez avec sel, poivre et poudre de curry, puis mélangez soigneusement pour bien répartir les épices.

3

Formez des boulettes de la grosseur d'une noix, soit environ la valeur d'une cuillerée à café de farce (voir page 19), ce sera plus facile si vous avez les mains humides. Disposez les boulettes sur la plaque du four. Enfournez et laissez cuire 20 minutes à four moyen (180 °C), les boulettes doivent être dorées.

4

Mettez les boulettes de viande à refroidir sur du papier absorbant, puis disposez-les dans des caissettes en papier. Déposez une petite noisette de chutney sur chaque boulette et plantez une pique en bois. Ces bouchées sont délicieuses, servies tièdes ou froides.

# Pommes de terre farcies

Les gourmets apprécieront les fines herbes, la crème fraîche et les œufs de truite.

## Facile à préparer

Ingrédients pour 30 portions :
15 petites pommes de terre spéciales cuisson à la vapeur (50 g chacune environ)
1 brin d'aneth
1 botte de ciboulette
250 g de crème fraîche
100 g d'œufs de truite
Sel et poivre

Temps de préparation : 50 min

Valeur énergétique moyenne par portion : 250 kJ/60 kcal

1

Brossez soigneusement les pommes de terre sous l'eau froide sans les peler. Plongez-les 20 minutes dans l'eau bouillante salée, vérifiez la cuisson avec la pointe d'un couteau ou un cure-dent.

2

Lavez et séchez l'aneth, jetez la partie dure de la tige et ciselez les feuilles. Lavez, séchez et ciselez la ciboulette. Ajoutez ce mélange de fines herbes à la crème fraîche, mélangez délicatement, salez, poivrez. Vérifiez l'assaisonnement.

3

Laissez refroidir les pommes de terre, partagez-les en deux dans le sens de la longueur, et évidez le cœur avec une petite cuiller. Si elles sont rondes, découpez la base pour qu'elles tiennent bien à plat (voir page 19).

4

Garnissez chaque pomme de terre avec la crème parfumée aux fines herbes. Déposez la valeur d'une cuillerée à café d'œufs de truite. Servez très frais.

!

Version végétarienne pour petits budgets : remplacez les œufs de truite par des feuilles de cresson et un joli radis rouge.

## Galettes de polenta

1 Versez la farine de maïs en pluie dans l'eau bouillante salée, remuez constamment pour éviter la formation de grumeaux.

2 Mouillez ou huilez légèrement la plaque de travail et le rouleau pour empêcher la polenta de coller, puis abaissez la pâte.

## Quiche au poireau

1 Coupez les poireaux dans le sens de la longueur avant de les rincer soigneusement sous un jet d'eau froide, détaillez la tige en petits morceaux.

2 Disposez les carrés de pâte sur une plaque de four huilée en les faisant se chevaucher.

## Bouchées d'agneau

1 Pelez et râpez très finement le gingembre avec une râpe à légumes.

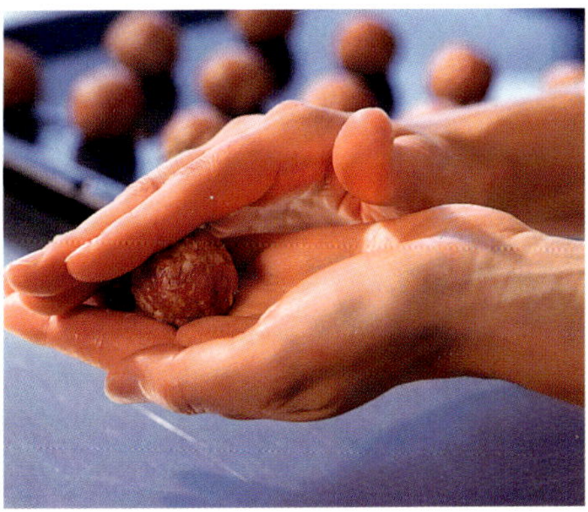

2 Confectionnez de petites boulettes, en façonnant le hachis entre la paume de vos mains humides. Déposez les boulettes sur une plaque huilée.

## Pommes de terre farcies

1 À l'aide d'une petite cuiller, creusez le cœur des pommes de terre cuites pour éviter que la farce ne coule.

2 Si les pommes sont rondes, découpez la base pour qu'elles tiennent bien à plat, avant de les remplir de garniture et de les décorer avec des œufs de truite.

# Brochettes tandoori

Pour vos buffets à thème, choisissez les saveurs de l'Inde.

## Facile à réaliser

Ingrédients pour 15 brochettes :
15 petits oignons nouveaux
500 g de filet de dinde
1 cuill. à soupe d'huile
5 cuill. à soupe de pâte tandoori
(en vente dans les épiceries asiatiques)
150 g de yoghourt
1/2 citron pressé
15 brochettes en bois

Temps de préparation : 40 min
+ 1 heure pour la marinade

Valeur énergétique moyenne par portion :
210 kJ/50 kcal

!

La pâte tandoori se marie bien avec les viandes blanches et l'agneau. Vous pouvez confectionner vous-même la poudre en mélangeant une cuillerée à café de graines de cumin, une pincée de gingembre frais râpé et du paprika en poudre.
Suggestion : enveloppez les brochettes dans de l'aluminium alimentaire et faites-les griller au feu de bois.

1

Lavez les petits oignons, gardez la partie blanche et tendre de la tige, puis coupez-les en deux dans le sens de la longueur.

2

Détaillez le filet de dinde en cubes (environ 45 morceaux). Huilez les brochettes, la viande se détachera plus facilement.

3

Enfilez les brochettes en alternant cube de dinde et oignon. Délayez la pâte tandoori dans le yoghourt, arrosez avec le jus de citron, puis badigeonnez la viande avec cette sauce. Mettez à mariner 1 heure environ au réfrigérateur.

4

Préchauffez le four à 250 °C environ. Égouttez légèrement les brochettes, disposez-les sur la plaque du four. Faites-les griller pendant 15 minutes à four moyen (220 °C). Servez tiède.

# Toasts à la grecque

À base de purée de pois chiches, ces toasts permettent de se régaler à peu de frais.

## Facile et rapide

Ingrédients pour 15 toasts :
1 boîte de pois chiches en conserve (poids net égoutté 200 g)
5 cuill. à soupe d'huile d'olive
1 cuill. à soupe de jus de citron
1 gousse d'ail
Olives noires dénoyautées
Sel et poivre
15 tranches de pain complet
Mélange de 50 g de germes de luzerne et de moutarde

Temps de préparation : 20 min

Valeur énergétique moyenne par portion : 355 kJ/85 kcal

**!**

Les pois chiches peuvent être remplacés par des haricots blancs. Les légumes en conserve doivent toujours être rincés sous un filet d'eau tiède.

**1**

Égouttez les pois chiches et rincez-les à l'eau froide. Versez-les dans une jatte, ajoutez l'huile et le jus de citron et réduisez en purée.

**2**

Pelez et passez l'ail au presse ail. Hachez les olives. Mélangez ces ingrédients à la purée de pois chiches. Assaisonnez avec le sel et le poivre.

**3**

Versez la préparation dans une poche à douille et garnissez chaque tranche de pain avec cette préparation (à défaut tartinez le pain avec la valeur d'une cuillerée à soupe de purée de pois). Décorez avec le mélange germes de luzerne et moutarde.

# Châteaubriants piquants

Malgré leur nom, ces canapés sont inspirés de la cuisine japonaise.

## Facile à faire

Ingrédients pour 30 châteaubriants :
1 cuill. à soupe d'huile
400 g de tournedos
1 concombre (d'un diamètre proche de celui des tournedos)
1 botte de radis noirs
5 cuill. à soupe de sauce soja
1 sachet de poudre de wasabi (en vente dans les épiceries asiatiques)
1 botte de persil, de cerfeuil ou de coriandre
30 piques à apéritif

Temps de préparation : 1 heure

Valeur énergétique moyenne par portion : 85 kJ/20 kcal

!

La poudre wasabi, à base de radis piquant, est utilisée comme condiment au Japon. Si vous n'en trouvez pas dans le commerce, remplacez-la par du poivre noir grossièrement moulu.
Suggestion : pour obtenir des tranches régulières, utilisez le robot pour couper le concombre et le radis ou, à défaut, un couteau très tranchant.

1

Préchauffez le four à 100 °C environ. Faites dorer la viande dans une poêle chaude légèrement huilée, puis mettez-la dans un plat à rôti et faites cuire au four pendant 30 minutes. Vérifiez le degré de cuisson en piquant avec la pointe d'un couteau La viande doit être moelleuse. Retirez du four et réservez.

2

Pendant ce temps lavez le concombre et coupez-le en rondelles d'1/2 cm d'épaisseur environ. Pelez les radis noirs et détaillez-les en rondelles (même épaisseur). Découpez la viande en tranches régulières (environ 30). Délayez la poudre de wasabi avec la sauce soja et badigeonnez les tournedos.

3

Déposez une rondelle de concombre sur chaque tournedos, puis une rondelle de radis et fixez le tout avec une pique. Décorez avec quelques brins de persil, de cerfeuil ou de coriandre. Pour une présentation plus raffinée, fixez la tranche de radis comme une voile de bateau (voir la photo ci-contre).

寿司

# Roulés de courgette

Fromage frais enrobé de courgette marinée à l'huile d'olive et parfumée au thym.

## Facile

Ingrédients pour 30 roulés :
1 kg de courgettes (de taille moyenne)
2 gousses d'ail
1 cuill. à café de thym frais
(à défaut 1/2 cuill. de thym séché)
5 cuill. à soupe d'huile d'olive
Sel et poivre
200 g de fromage de chèvre frais
30 piques à apéritif

Temps de préparation : 30 min

Valeur énergétique moyenne par portion :
145 kJ/35 kcal

**1**

Lavez et essuyez les courgettes. Coupez-les en tranches fines dans le sens de la longueur (3 mm d'épaisseur). N'utilisez pas les tranches constituant l'entame.

**2**

Pelez les gousses d'ail et écrasez-les finement au pilon, mélangez avec les feuilles de thym et montez à l'huile d'olive, salez, poivrez. Badigeonnez généreusement chaque tranche de courgette avec cette pommade.

**3**

Mettez les tranches de courgette dans une poêle à peine huilée et faites-les dorer. Retournez-les à mi cuisson. Déposez-les ensuite sur du papier absorbant.

**4**

Déposez la valeur d'une cuillerée à soupe de fromage de chèvre, puis roulez la tranche de courgette. Fixez avec une pique, et décorez le plat de quelques brins de thym.

**!**

Les roulés de courgette peuvent se préparer avec d'autres fromages : brebis frais ou mozarella.

# Crostini au fromage

Ces toasts au fromage feront fondre vos invités de plaisir !

## Végétarien

Ingrédients pour 15 crostini :
125 g de mozzarella
3 cuill. à soupe de câpres au sel ou marinées au vinaigre
15 petites tomates séchées marinées à l'huile
150 g de pecorino demi-vieux, fraîchement râpé
1 cuill. à thé d'origan séché
15 tranches de baguette (d'1 cm d'épaisseur environ)
2 cuill. à soupe de ciboulette ciselée
Poivre

Temps de préparation : 20 min

Valeur énergétique moyenne par portion : 730 kJ/175 kcal

!

Les crostini se prêtent à de nombreuses variations : tranches de tomate fraîche accompagnées de filets d'anchois marinés ou de lanières de jambon de Parme. Essayez aussi les associations de fromages : frais et à pâte persillée.

1

Préchauffez le four à 220 °C environ. Égouttez la mozzarella, détaillez-la en petits cubes. Rincez soigneusement les câpres à l'eau froide, égouttez-les et hachez-les grossièrement. Lavez et essuyez soigneusement les tomates, coupez-les en petits morceaux.

2

Versez la mozzarella dans une jatte, ajoutez les câpres et les tomates, saupoudrez de pecorino et d'origan, assaisonnez avec le poivre. Mélangez tous les ingrédients et tartinez le pain.

3

Disposez les tartines sur la plaque du four et faites gratiner environ 5 minutes à four moyen (200 °C). Le fromage doit être complètement fondu et le pain doit légèrement dorer. Décorez chaque crostino d'une pincée de ciboulette finement ciselée et servez chaud.

# Tacos aux champignons

Voici une variante végétarienne des traditionnels tacos mexicains.

## Pimenté et savoureux

Ingrédients pour 15 tacos :
1 scarole
10 petites tomates rondes
3 oignons
3 gousses d'ail
4 cuill. à soupe d'huile,
1 poivron rouge, 1 poivron jaune
750 g de champignons
2 cuill. à soupe de coulis de tomates
Sel et poivre
Poivre de Cayenne
15 tacos (galettes achetées toutes faites)
200 g de fromage râpé (emmental, cheddar, etc.)
200 g de crème fraîche

Temps de préparation : 40 min

Valeur énergétique moyenne par portion : 1 445 kJ/345 kcal

**!**

Les tacos sont en vente au rayon produits exotiques de la plupart des grandes surfaces. Prenez en compte la richesse de cette recette, et adaptez en conséquence le nombre d'amuse-gueule, à moins que vos invités aient un gros appétit.

**1**

Lavez et essorez la salade, coupez les feuilles en fines lanières. Lavez et séchez les tomates. Creusez le pédoncule, détaillez la chair en petits cubes. Préchauffez le four à 180 °C environ.

**2**

Pelez et émincez finement les oignons. Pelez et hachez les gousses d'ail. Faites revenir les oignons dans une poêle huilée ; lorsqu'ils sont translucides, ajoutez l'ail.

**3**

Lavez les poivrons, coupez les pieds terreux des champignons et frottez les chapeaux, puis détaillez le tout en petits cubes. Ajoutez les champignons, les poivrons et le coulis de tomates à l'oignon frit, mélangez. Salez, poivrez, saupoudrez d'une pincée de poivre de Cayenne. Laissez suer les légumes. Arrêtez le feu, couvrez et réservez au chaud.

**4**

Disposez les galettes sur la plaque du four et faites-les réchauffer 3 minutes à four moyen (160 °C environ). Fourrez les tacos avec cette préparation, ajoutez des dés de tomate, quelques lanières de salade, une pincée de fromage râpé et un soupçon de crème. Servez chaud.

# Branches de céleri farcies

Osez l'originalité d'une farce à la cannelle.

## Raffiné

Ingrédients pour 30 portions :
10 gros pieds de céleri
1 petit oignon
4 cuill. à soupe d'huile
500 g de haché de veau
1 œuf
2 cuill. à soupe de persil haché
2 cuill. à soupe de chapelure
1 pincée de cannelle
Sel et poivre
100 ml de vin blanc sec

Temps de préparation : 30 min
Temps de cuisson : 40 min

Valeur énergétique moyenne par portion : 210 kJ/50 kcal

**!**

Cette recette se prête à de multiples variations : version asiatique avec curry ou graines de cumin moulues, version méditerranéenne avec thym, origan et ail pilé, en remplacement de la cannelle, etc.

**1**

Coupez les feuilles (elles serviront pour la décoration) et la base du pied de céleri. Lavez et séchez les tiges, puis découpez-les en trois tronçons.

**2**

Pelez et hachez l'oignon, faites-le revenir 10 minutes dans 2 cuill. à soupe d'huile chaude. Préchauffez le four à 220 °C environ. Mélangez le haché, l'œuf battu, le persil et la chapelure aux oignons froids, salez et poivrez, et relevez d'une pincée de cannelle.

**3**

Garnissez chaque tronçon de céleri avec cette farce, en la tassant bien. Disposez les canapés de céleri dans un plat rectangulaire, mouillez avec le vin blanc et le reste de l'huile. Recouvrez le plat d'une feuille d'aluminium.

**4**

Enfournez (200 °C) et laissez cuire 30 minutes, la farce doit être cuite à point, mais les branches de céleri doivent rester craquantes. Enlevez la feuille d'aluminium et laissez dorer 10 minutes à découvert. Déposez sur du papier absorbant et servez tiède.

# Table des matières



**Température du four** Les indications de températures peuvent varier d'une gazinière à l'autre. Tenez compte des indications spécifiées par le fabricant dans le guide d'utilisation de votre appareil. Les temps de cuisson peuvent également varier d'un four électrique à l'autre.

Titre original de cet ouvrage :
*Quick & Easy Fingerfood*
Traduction : Marie-Joëlle Tarrit
Adaptation-réalisation :
ACCORD, Toulouse

ISBN : 2-263-03225-8
Code éditeur : S03225
Dépôt légal : mai 2001
Imprimé en Italie